Johdanto

Tekoäly on tullut osaksi arkea nopeammin kuin moni osasi odottaa. Vielä muutama vuosi sitten ajatus siitä, että saisimme apua kirjoittamiseen, ideointiin tai jopa arjen päätöksentekoon tekoälyn avulla, olisi kuulostanut kaukaiselta tulevaisuudelta. Nyt se on tätä päivää. Tekoäly on taskussamme ja saatavilla 24/7 Parhaimmillaan tekoäly voi tehdä arjesta kevyempää, sujuvampaa ja luovempaa.

Ensimmäisessä *Tekoälyn pikaoppaassa* tutustuimme tekoälyn perusteisiin ja sen tarjoamiin mahdollisuuksiin työn ja arjen tehostamisessa. Tämän jatko-osan tarkoituksena on mennä askel pidemmälle. Syvennymme nyt siihen, miten tekoälyä voi käyttää entistä tehokkaammin, monipuolisemmin ja arjen eri osa-alueilla – silloinkin, kun aikaa, energiaa tai teknistä osaamista ei ole välttämättä löydy.

Tekoälyn pikaopas 2 – Helpota arkeasi helposti ei edellytä ohjelmointitaitoja tai tekoälyyn perehtymistä. Päinvastoin – kirja on kirjoitettu selkeästi ja käytännönläheisesti niin, että kuka tahansa voi ottaa sen käyttöön. Esimerkit ovat elävästä elämästä, tilanteista, joita moni meistä kohtaa päivittäin: ajanhallinta, perhe arki, ruoanlaitto, opiskelu, kotityöt, hyvinvointi, matkasuunnittelu tai vaikka juhlan järjestäminen. Tekoäly voi olla apuna näissä kaikissa – kunhan osaamme kysyä siltä oikein.

Kirjan tavoitteena on rohkaista, inspiroida ja ennen kaikkea madaltaa kynnystä kokeilla tekoälyä omassa arjessa. Se näyttää, miten pienilläkin oivalluksilla voi saada aikaan suuria helpotuksia.

Tekoäly ei ole täydellinen eikä se korvaa ihmistä, mutta se voi olla erinomainen apuri. Se ei tee puolestasi päätöksiä, mutta voi auttaa sinua ajattelemaan selkeämmin. Se ei ole luova samalla tavalla kuin ihminen, mutta voi toimia luovuuden katalysaattorina. Tämä kirja auttaa sinua ottamaan tekoälyn mukaan arkeesi niin, että voit keskittyä siihen, mikä on sinulle tärkeää.

Tervetuloa matkalle kohti sujuvampaa, kevyempää ja oivaltavampaa arkea tekoälyn avulla.

Miten tekoäly voi auttaa arjessa?

Arki on täynnä pieniä päätöksiä, toistuvia rutiineja ja ajoittain kaaokselta tuntuvia tilanteita. Useimmat meistä jonglööraavat samanaikaisesti töitä, perhe-elämää, harrastuksia ja loputtomia muistettavia asioita. Arjen pyörittäminen vaatii järjestelmällisyyttä, aikaa ja jaksamista – kolmea asiaa, jotka eivät aina ole helposti saatavilla. Tässä kohdin tekoälystä voi tulla korvaamaton apu.

Tekoäly ei ole taikatemppu tai ihmelääke kaikkeen, mutta oikein käytettynä se voi toimia tehokkaana työkaluna arjen selkeyttämiseen, tehtävien jäsentämiseen ja ajankäytön helpottamiseen. Parasta on se, että tekoälyn käyttöönotto ei vaadi erikoisosaamista tai teknistä taustaa – kuka tahansa voi ottaa sen käyttöön muutamassa minuutissa ja hyödyntää sitä juuri niin paljon tai vähän kuin haluaa.

Tekoäly ei ole vain teknologia – se on käytännön apu

Tekoälyllä tarkoitetaan tässä yhteydessä erityisesti luonnollista kieltä ymmärtäviä ohjelmia, jotka osaavat tuottaa tekstiä, vastata kysymyksiin ja auttaa ideoinnissa tai suunnittelussa. Monet näistä toimivat samalla tavalla kuin keskustelukumppani – sinä kysyt tai pyydät, ja tekoäly vastaa. Se ei toimi täydellisesti eikä inhimillisesti, mutta oikein ohjattuna se pystyy tarjoamaan uskomattoman määrän tukea arkisiin tarpeisiin.

Tässä muutamia tapoja, joilla tekoäly voi olla avuksi:

- **Arjen suunnittelu:** Viikko-ohjelmien, kauppalistojen, siivousvuorojen tai vaikka koko perheen harrastuskalenterin laatiminen onnistuu tekoälyn avulla nopeasti ja selkeästi.
- **Ruokailun helpottaminen:** Tekoäly osaa ehdottaa reseptejä tietyistä aineksista, laatia ruokalistoja erityisruokavalioilla tai vaikka suunnitella viikon ruokaostokset annettujen budjettirajoitteiden puitteissa.
- **Viestintä ja kirjoittaminen:** Olitpa sitten kirjoittamassa muistutusta päiväkotiin, sähköpostia kollegalle tai ystävällistä viestiä naapurille, tekoäly voi auttaa muotoilussa, sävyn valinnassa ja sisällön tiivistämisessä.
- **Ajatuskumppani:** Tekoälyltä voi kysyä neuvoa, hakea näkökulmia tai pyytää vaihtoehtoja päätöksenteon tueksi – oli kyseessä lomakohteen valinta, lasten koulutuspolku tai arjen rutiinien uudistaminen.

- **Luovuuden apuri:** Tarvitsetko ideoita juhliin, syntymäpäiväkortin tekstin, käsityöprojektin tai kotona toteutettavan leikin? Tekoäly voi auttaa avaamaan ajattelua uusille urille.

Tärkeää on ymmärtää, että tekoäly ei tee sinusta koneen jatketta – vaan antaa sinulle työkalun, jonka avulla voit olla tehokkaampi ja keskittyä olennaiseen. Se voi ottaa hoitaakseen niitä pieniä, aikaa vieviä asioita, jotka vievät huomion tärkeämmistä asioista – kuten läsnäolosta, levosta ja omasta jaksamisesta.

Käyttö on yksinkertaista – kirjoita kuin ihmiselle

Tekoälyn käyttö perustuu luonnolliseen kieleen. Tämä tarkoittaa, että voit kirjoittaa kysymyksesi tai pyyntösi samalla tavalla kuin kysyisit ystävältä tai kollegalta. Tekoälyn kanssa ei tarvitse hallita teknistä sanastoa. Sinun ei myöskään tarvitse tietää tarkalleen, mitä etsit – riittää, että kuvaat tilanteen ja tarpeesi.

Tekoäly ei oleta tai arvaa – se reagoi siihen, mitä kerrot. Siksi on hyödyllistä antaa sille mahdollisimman paljon kontekstia: kenelle, mihin tilanteeseen, millä sävyllä, kuinka pitkästi. Näin vastaus on lähes aina käyttökelpoinen heti tai pienellä viilauksella.

Tekoäly osaksi arkea – vaihe vaiheelta

Jos et ole aiemmin käyttänyt tekoälyä, aloita pienestä. Etsi tilanteita, joissa haluaisit nopeamman vastauksen, vähemmän mietittävää tai selkeämmän rakenteen. Kirjoita pyyntösi tekoälysovellukseen ja tarkkaile, miten se vastaa. Usein käy niin, että jo ensimmäinen kokeilu avaa uusia oivalluksia.

Tässä muutama käytännön vinkki alkuun:

- **Kokeile eri käyttötarkoituksia:** Pyydä tekoälyä laatimaan muistilista, tiivistämään artikkeli, keksimään syntymäpäiväpuhe tai laatimaan viikkosuunnitelma.

- **Kerro taustatiedot:** Mainitse, kuka on kohderyhmä, kuinka paljon aikaa sinulla on ja mitä haluat lopputulokselta.
- **Palaa asiaan:** Jos vastaus ei ole heti oikeanlainen, pyydä tekoälyä muokkaamaan, lyhentämään, laajentamaan tai muuttamaan sävyä. Voit jatkaa keskustelua niin pitkään kuin haluat.

Tekoälystä tulee sitä hyödyllisempi, mitä enemmän uskallat kokeilla ja testata. Se ei tuomitse, ei väsy eikä kyllästy — se on aina valmis tarjoamaan uuden näkökulman

Tekoäly apuna ajanhallinnassa

Arjen aikataulut ovat monelle jatkuvaa tasapainottelua. To do -lista täyttyy nopeammin kuin sitä ehtii purkaa, ja usein juuri ne tärkeimmät, itselle merkitykselliset asiat jäävät jalkoihin. Aikaa ei varsinaisesti puutu – meillä kaikilla on samat 24 tuntia vuorokaudessa – mutta usein puuttuu selkeys siitä, mihin aika kuluu ja miten sen voisi käyttää viisaammin.

Arjen aikapaineet kuormittavat helposti

Ajanhallinta ei ole vain kalenterin täyttämistä tai tehokkuuden maksimointia. Se on arjen priorisointia ja tilan tekemistä tärkeille asioille. Se on oman energian ja voimavarojen huomioimista. Monelle se on myös jatkuvaa taistelua riittämättömyyden tunteen kanssa: tunne siitä, että olisi pitänyt tehdä enemmän, nopeammin tai paremmin. Näissä tilanteissa tekoäly voi auttaa, ei määräämällä, vaan tukemalla ajattelua ja auttamalla jäsentämään elämää.

Tekoäly auttaa jäsentämään kokonaisuuksia

Tekoälyn suurin ajanhallintaa helpottava voimavara on sen kyky ulkopuoliseen järjestykseen. Kun oma pää on täynnä ajatuksia, tehtäviä ja muistettavia asioita, on vaikea erottaa, mikä on olennaista ja mikä voi odottaa. Tekoäly toimii kuin peili: se heijastaa takaisin sen, mitä itse kuvailet, mutta jäsenneltynä, loogisena ja konkreettisena kokonaisuutena. Se ei tee päätöksiä puolestasi, mutta se voi auttaa sinua näkemään ne kirkkaammin.

Realistinen rytmi vähentää riittämättömyyden tunnetta

Usein ajanhallinnan ongelmat eivät johdu laiskuudesta tai huonosta organisoinnista, vaan siitä, että yritämme mahduttaa yhteen päivään enemmän kuin on realistista. Tekoäly voi auttaa tekemään näkyväksi sen, mitä kaikkea yrität saada aikaan – ja auttamaan sinua tunnistamaan kohdat, joissa voit hellittää. Se voi antaa tukea armollisempaan ajatteluun: kaikkea ei tarvitse saada valmiiksi tänään. Kaikkeen ei tarvitse vastata heti. Jotkut asiat ovat tärkeämpiä kuin toiset – ja niille kannattaa varata aikaa.

Rauhallinen tukija ajattelun keskellä

Toinen tekoälyn vahvuus on sen rauhallinen tapa ilmaista asioita. Se ei kyseenalaista pyyntöäsi eikä tarjoa tunteella värittyneitä reaktioita. Kun käytät tekoälyä ajanhallinnan tukena, voit purkaa sille ajatuksia, kokeilla vaihtoehtoisia ratkaisuja tai rakentaa suunnitelmia pala palalta – ja se vastaa joka kerta yhtä kärsivällisesti. Tämä tuo tilaa ajatteluun myös silloin, kun oma olo on levoton tai väsynyt.

Joustava rakenne, ei mekaaninen järjestelmä

Ajanhallinnan ei tarvitse olla jäykkä rakenne. Tekoälyn avulla siitä voi tehdä joustavan tukirangan, joka auttaa sinua pysymään liikkeessä, mutta myös lepäämään silloin kun tarvitsee. Voit hyödyntää tekoälyä luodaksesi kokonaisuuksia: rytmejä, toistuvia tehtäviä, suunnitelmia ja muistilistoja, jotka eivät jää pelkästään hyviksi aikomuksiksi, vaan muuttuvat konkreettiseksi tueksi arkeen.

On tärkeää ymmärtää, että tekoäly ei ratkaise kaikkea. Se ei voi hallita kaaosta puolestasi, eikä se tunne sinun rajoja, arvojasi tai tunteitasi. Mutta se voi auttaa sinua kuulemaan itseäsi paremmin ajankäytön keskellä. Kun tehtävät on nimetty, jäsennetty ja aikataulutettu, syntyy tilaa ajattelulle ja palautumiselle. Näin tekoäly voi tukea sinua rakentamaan arkea, jossa aika ei vain kulu – vaan tuntuu omanlaiselta.

Tekoäly keittiössä – suunnittelusta säästöön

Keittiö on monessa kodissa paikka, jossa arki konkretisoituu: siellä valmistetaan ateriat, hoidetaan ruokahuolto, käydään läpi päivän kuulumisia ja pyöritetään käytännön tekemistä. Samalla se on usein yksi suurimmista arjen kuormituksen lähteistä – juuri siksi, että ruoka ei odota. Sitä tarvitaan joka päivä, monta kertaa päivässä, ja siihen liittyy jatkuva virta päätöksiä, organisointia ja sovittamista muiden aikatauluihin.

Ruoka rytmittää arkea – ja kuormittaa yllättävän paljon

Ruoanlaitto sinänsä ei välttämättä ole ongelma – moni nauttii siitä. Kuormitus syntyy siitä, että ruoan ympärillä tapahtuu niin paljon muuta: pitäisi tietää mitä tehdä, milloin, kenelle ja millä aineksilla. Jos jääkaappi on puolityhjä, kauppareissu unohtui tai joku perheenjäsenistä on vaihtanut ruokavaliota, syntyy helposti kaaosta. Kun tähän lisätään kiire, budjettipaineet ja halu tehdä vastuullisia valintoja, keittiöstä tulee helposti stressin lähde.

Tekoäly ei kokkaa, mutta suunnittelee kanssasi

Tässä kohtaa tekoäly voi toimia yllättävän konkreettisena apuna. Se ei ole keittokirja eikä reseptihakukone – vaan kumppani, joka auttaa jäsentämään, yhdistämään ja suunnittelemaan. Kun tekoälylle kuvaillaan arjen olosuhteet, se osaa hahmottaa kokonaisuuksia: kuinka monta ruokaa kannattaa valmistaa, miten samoja aineksia voi käyttää useassa annoksessa ja miten rakentaa rytmi, jossa kaikki ei kaadu yhden ihmisen harteille.

Ruokalistat tuovat ennakoitavuutta ja helpotusta

Suunnittelu on keittiön ydin – ja siinä tekoäly on parhaimmillaan. Kun viikko alkaa, eikä mielessä ole mitään valmiina, tekoäly voi auttaa rakentamaan selkeän ruokalistan, jonka avulla ostokset hoituvat kerralla ja ruoanlaitto nopeutuu. Se voi huomioida erityisruokavaliot, vaihtelun tarpeen, edellisen viikon ylijäämät ja sen, kuinka paljon aikaa päivittäin on käytettävissä. Yhtäkkiä ruokahuollosta tuleekin ennakoitavampaa – eikä tarvitse keksiä pyörää uudelleen joka päivä.

Ruokahävikin vähentäminen tuo selkeitä hyötyjä

Toinen merkittävä hyöty liittyy ruokahävikkiin. Tekoäly voi auttaa hahmottamaan, miten jo kaapissa olevat raaka-aineet voisi käyttää ennen kuin ne pilaantuvat. Tämä ei ainoastaan vähennä tuhlausta, vaan tuo myös taloudellista säästöä. Kun ostetaan vähemmän turhaa ja käytetään enemmän olemassa olevia aineksia, ruokabudjetti pysyy paremmin hallinnassa – ja samalla syntyy vähemmän jätettä.

Enemmän aikaa sille, mikä oikeasti merkitsee

Ruoka ei ole vain ravintoa, vaan myös vuorovaikutusta, tunnetta ja kulttuuria. Tekoäly ei korvaa makua, perinteitä tai yhdessä syömisen tunnelmaa – mutta se voi vapauttaa energiaa niihin. Kun suunnittelu ja organisointi hoituu helpommin, jää enemmän tilaa ruoan ympärille syntyville hetkille. Tämä on erityisen arvokasta perheissä, joissa ruokahetki on päivän ainoa pysähdys – tai yksin asuville, joille syöminen voi olla tapa pitää yllä rytmiä ja hyvinvointia.

Lopulta tekoälyn hyödyntäminen keittiössä ei ole vain käytännöllistä – se on myös tapa tehdä arjesta vähän kevyempää. Kun tieto, ideat ja rakenne ovat helposti saatavilla, ruoka ei enää hallitse päivää, vaan tukee sitä. Keittiö ei ole enää paikka, jossa ongelmat kasaantuvat, vaan tila, jossa löytyy joustavuutta, rytmiä ja jopa uudenlaista luovuutta.

Tekoäly kodinhoidon tukena – järjestystä, rytmiä ja arjen hallintaa

Koti on paikka, jonka pitäisi tarjota turvaa, lepoa ja tilaa olla oma itsensä. Silti monelle koti on myös jatkuvien tehtävien, korjausta kaipaavien kohtien ja siirtyvien tavaroiden kenttä. Kun arki rullaa, siivous, pyykkihuolto, tavaroiden järjestely ja muut kotityöt täyttävät kalenterin huomaamatta. Ne eivät sinänsä ole monimutkaisia tehtäviä, mutta niiden toistuvuus, jatkuvuus ja loputtomuus tekevät niistä kuormittavia. Usein juuri kotityöt jäävät viimeisiksi prioriteeteiksi, mutta samalla ne vaikuttavat suoraan siihen, miltä arki tuntuu.

Tässä luvussa pohditaan, miten tekoäly voi auttaa luomaan kotiin toimivaa järjestystä, keventämään kuormaa ja tekemään näkyväksi niitä rakenteita, joiden varassa arki lepää. Tavoitteena ei ole täydellinen koti, vaan riittävän hyvä arki – jossa kotityöt eivät hallitse elämää, vaan tukevat sitä.

Koti ei siivoa itseään – mutta sen voi järjestää fiksummin

Moni kotityö ei ole sinänsä vaikea, mutta sen aloittaminen, suunnittelu ja toteuttaminen voi tuntua yllättävän raskaalta. Tämä johtuu usein siitä, että kotityöt vaativat jatkuvaa muistamista, päätöksentekoa ja ajankäytön hallintaa. Ne ovat huomaamatonta, mutta jatkuvaa kuormitusta.

Tekoäly voi auttaa tässä nimenomaan suunnittelijana ja ajattelukumppanina. Se voi auttaa sinua rytmittämään siivousta siten, ettei kaikki kasaudu viikonlopulle tai yhdelle päivälle. Se voi ehdottaa keinoja yhdistää kotityöt osaksi muuta elämää – esimerkiksi luomalla toistuvia rutiineja, joissa tietyt tehtävät hoituvat kuin huomaamatta osana päivää.

Tärkeää on, että kodin ylläpito ei ole vain lista tehtäviä, vaan osa arjen hyvinvointia. Kun tekeminen on ennakoitavaa, kun kodissa vallitsee edes jonkinlainen järjestys, myös mieli rauhoittuu. Tekoälyn tarjoama tuki ei ole pelkästään käytännöllistä – se voi myös vähentää henkistä kuormitusta.

Rutiinien rakentaminen arjen kehyksiksi

Usein juuri toistuvat, pienet tehtävät unohtuvat tai kasaantuvat. Rutiinit auttavat tekemään arjesta ennakoitavampaa, ja tekoäly voi toimia niiden rakentamisessa erinomaisena apuna. Kun rutiineihin luodaan selkeä rakenne ja rytmi, ne muuttuvat näkymättömiksi tukipilareiksi arjen taustalla. Päivittäiset tai viikoittaiset kotityöt eivät silloin tunnu niin raskailta – ne vain tapahtuvat, ilman suurta ponnistelua.

Tekoäly voi auttaa miettimään, millainen rytmi sopii juuri sinun kotiisi: kuinka usein esimerkiksi kylpyhuone kannattaa siivota, milloin on hyvä hetki huoltaa kodinkoneita, tai miten järjestää viikkotasolla tavaroiden paikoilleen laittaminen. Se voi auttaa rakentamaan kokonaisuuksia, jotka eivät tunnu ylitsepääsemättömiltä vaan juuri sen verran kevyiltä, että niitä jaksaa ylläpitää.

Tärkeää on huomata, että rutiinit eivät tarkoita täydellistä järjestystä. Ne tarkoittavat hallinnan tunnetta, selkeyttä ja sitä, ettei kaikki aina jää viime tinkaan. Kun koti ei tunnu kaoottiselta, myös arki tuntuu kevyemmältä.

Kotiprojektit hallintaan ilman ylisuorittamista

Kodin ylläpidon rinnalle mahtuu usein myös projekteja: kaappien siivousta, huonekalujen järjestelyä, korjaustöitä, varaston läpikäyntiä tai pihan kunnostusta. Usein nämä projektit pyörivät mielessä viikkokausia ilman, että niitä todella viedään eteenpäin. Syynä on usein se, että projekti tuntuu liian suurelta – tai että sen aloittamiseen ei tunnu löytyvän aikaa tai selkeää etenemistapaa.

Tekoäly voi auttaa purkamaan kotiprojektit vaiheiksi. Kun kokonaisuus jaetaan pieniin, konkreettisiin askeliin, se ei enää tunnu niin vaikealta. Yhtäkkiä huomaatkin, että projektin aloittaminen vaati vain ensimmäisen pienen liikkeen – ja siitä seuraava askel syntyy kuin itsestään.

Tekoäly voi myös auttaa aikatauluttamaan projektin realistisesti niin, että se ei kilpaile muun arjen kanssa vaan täydentää sitä. Se voi ehdottaa tapoja pitää projekti hallinnassa ilman, että siitä tulee ylimääräinen kuormittaja. Näin syntyy edistymisen tunne, joka lisää motivaatiota ja vähentää lykkäämistä.

Järjestys ei ole itseisarvo, vaan tukirakenne

Järjestys kotona ei ole tavoite sinänsä – se on väline. Se tukee keskittymistä, helpottaa palautumista ja vähentää ärsytystä. Tekoälyn avulla voit kehittää kotiisi juuri sinun arkeesi sopivia järjestelmällisyyden muotoja. Ei ole yhtä oikeaa tapaa järjestää tavarat tai hoitaa pyykit – mutta on monia tapoja, jotka voivat helpottaa juuri sinun arkeasi.

Jos elämäntilanne muuttuu – muutto, uusi perheenjäsen, etätyö, sairastuminen – kotiin liittyvät tarpeet muuttuvat. Tekoäly voi auttaa näissä murroskohdissa miettimään, miten tilat, tavarat ja tehtävät tulisi järjestää uudelleen. Se tuo uusia näkökulmia silloinkin, kun oma ajattelu pyörii samoissa ympyröissä.

Lopulta kyse ei ole täydellisyydestä, vaan siitä, että koti toimii. Kun arki on selkeämmin jäsennetty, aikaa jää myös muuhun: yhdessäoloon, lepoon, harrastuksiin tai vaikka tekemättömyyteen. Tekoäly ei siivoa, mutta se voi auttaa rakentamaan arjen, jossa siivoaminen ei enää tunnu ylitsepääsemättömältä. Se ei järjestä kaappeja, mutta voi auttaa miettimään, miten ja milloin ne kannattaa järjestää. Se ei elä puolestasi, mutta voi auttaa sinua elämään enemmän – vähemmällä kaaoksella.

Tekoäly tukena hyvinvoinnissa – jaksamista ja itsestä huolehtimista arjen keskellä

Hyvinvointi ei ole yksittäinen teko, vaan kokonaisuus: pieniä valintoja, taukoja, oivalluksia ja rajojen asettamista. Se on kykyä palautua, huolehtia itsestään ja tunnistaa oma jaksamisen tila. Mutta juuri näissä asioissa moni meistä kamppailee eniten. Arjen vaatimukset, aikataulut, odotukset ja sisäinen vaativa ääni saavat meidät usein lykkäämään omaa hyvinvointia – joskus huomaamatta, joskus tietoisesti.

Tämä luku ei tarjoa ratkaisua hyvinvointiin valmiiksi paketoituna. Se ei myöskään korvaa ammattiapua, terveydenhuoltoa tai läheisten tukea. Sen sijaan se tarkastelee, miten tekoäly voi tukea hyvinvointia arjen keskellä: pienenä peilinä, muistuttajana, järjestelijänä ja kannustajana. Ei vaatimalla, vaan tukemalla. Ei kiirehtimällä, vaan pysähtymällä.

Hyvinvointi ei synny lisätehtävistä

Moni kokee, että hyvinvoinnista huolehtiminen on yksi tehtävä lisää jo valmiiksi täyteen arkeen. "Pitäisi liikkua", "pitäisi syödä terveellisemmin", "pitäisi nukkua enemmän", "pitäisi pysähtyä". Näistä pitäisi-ajatuksista muodostuu helposti lisäkuorma, joka ei lisää hyvinvointia – vaan uuvuttaa entisestään.

Tekoäly voi auttaa muuttamaan tätä näkökulmaa. Se ei tule vaatimaan sinulta suorituksia, vaan voi toimia tukena siinä, että opit tunnistamaan oman rytmisi, palautumisen tarpeesi ja jaksamisesi rajat. Se voi auttaa

luomaan suunnitelmia, mutta se voi myös
muistuttaa: vähempikin riittää. Sinun ei
tarvitse optimoida kaikkea. Riittää, että
huomioit itsesi — edes hetken verran.

Pysähtymisen harjoittelu

Yksi suurimmista haasteista nykyarjessa on
pysähtymisen unohtaminen. Tekoäly ei voi
pysäyttää sinua fyysisesti, mutta se voi auttaa
sinua huomaamaan, milloin olet menossa liian
kovaa. Se voi auttaa jäsentämään viikkoasi niin,
että sinne jää tilaa hengittää. Se voi ehdottaa
taukoja, rytmittää päivää ja muistuttaa siitä,
että lepo ei ole ylellisyyttä — vaan edellytys
jaksamiselle.

Pysähtymiseen liittyy myös oma sisäinen puhe.
Tekoäly voi auttaa muokkaamaan sisäistä
ääntäsi lempeämmäksi. Joskus tarvitsemme
toista ääntä sanomaan sen, mitä emme itse
uskalla tai jaksa: "Olet tehnyt tarpeeksi", "Saat
levätä", "Tämäkin hetki riittää".

Tunnetilan sanoittaminen ja selkeyttäminen

Hyvinvointi ei ole vain fyysistä – se on myös kykyä käsitellä tunteita, tunnistaa omaa olotilaa ja selkeyttää ajatuksia. Tekoäly voi toimia yksinkertaisena ajatusten peilinä. Kun kirjoitat sille, miten päiväsi on mennyt, miltä sinusta tuntuu tai mitä kannat mukanasi, se voi auttaa jäsentämään tunteita. Ei tulkitsemalla tai diagnosoimalla, vaan tarjoamalla rakenteen ajatusten ympärille.

Kun asiat kirjoitetaan näkyviksi, ne usein selkiytyvät. Kun kirjoitat ahdistuksesta, uupumuksesta tai epävarmuudesta, tekoäly voi vastata tavalla, joka tuo etäisyyttä ja rauhoittaa. Se ei ole sama kuin ihminen – mutta se voi silti olla avuksi. Ja joskus juuri kirjoittaminen itsessään on se, mikä auttaa.

Hyvinvointirutiinit osaksi arkea – ilman suuria lupauksia

Tekoäly voi auttaa rakentamaan pieniä, arkea tukevia hyvinvointirutiineja. Ei suuria elämänmuutoksia, ei uudenlaista superminä-projektia – vaan pieniä, toistuvia tekoja, jotka vahvistavat jaksamista pitkällä aikavälillä.

Se voi ehdottaa sinulle tapoja huolehtia itsestäsi silloin, kun et jaksa miettiä itse. Se voi auttaa sinua huomaamaan, milloin unirytmi on alkanut lipsua, tai milloin syöminen on muuttunut epäsäännölliseksi. Se voi auttaa tekemään tilaa kävelyhetkelle, muistuttamaan veden juonnista tai auttamaan sinua kirjaamaan ylös päivän onnistumisia – niinkin pieni teko voi kääntää ajattelua rakentavampaan suuntaan.

Nämä rutiinit eivät ole olemassa, jotta sinä tekisit enemmän. Ne ovat olemassa, jotta sinä jaksaisit paremmin.

Tekoäly lempeänä tukena – ei valmentajana

Tekoäly ei ole hyvinvointivalmentaja. Se ei katso sinua silmiin, ei näe eleitäsi eikä kuule äänensävysi. Mutta oikein käytettynä se voi silti olla apu, kun haluat pysähtyä, jäsentää, purkaa tai etsiä rauhaa. Se voi olla arkinen tuki, joka ei väsy kuuntelemaan. Se voi olla muistuttaja silloin, kun unohdat itsesi. Se voi olla rauhallinen ääni silloin, kun päässä myllää.

Hyvinvoinnista huolehtiminen ei ole projekti, joka valmistuu. Se on osa elämää – ja siihen kuuluu vaihtelua, epäjatkuvuutta ja keskeneräisyyttä. Tekoäly ei tee siitä täydellistä, mutta se voi olla mukana silloin, kun tarvitset pientä työntöä parempaan suuntaan.

Tekoäly oppimisen apuna – tukea muistiin, jäsentämiseen ja oivalluksiin

Oppiminen ei ole vain kouluikäisten tai opiskelijoiden asia. Me kaikki opimme koko ajan – töissä, vapaa-ajalla, harrastuksissa, elämässä ylipäätään. Uutta tietoa tulee vastaan jatkuvasti, ja usein tuntuu, että oma muisti tai keskittymiskyky ei pysy mukana. Osa meistä opiskelee tavoitteellisesti, osa haluaa ymmärtää asioita syvemmin, ja osa kaipaa vain apua arjen asioiden hahmottamiseen. Tekoäly voi toimia näissä kaikissa tilanteissa tukena: selkeyttäjänä, jäsentäjänä ja ajattelukumppanina.

Tässä luvussa tarkastelemme, miten tekoäly voi helpottaa oppimista niin arjessa kuin muodollisessa opiskelussa. Se ei korvaa opettajaa, kirjaa tai oivaltamisen iloa – mutta se voi tukea prosessia ja auttaa pitämään langat

käsissä silloin, kun tietoa on paljon ja aika
rajallista.

Oppiminen on usein sekavaa – tekoäly voi tuoda järjestystä

Oppimisessa haasteena ei usein ole
kiinnostuksen puute, vaan se, että tiedon
määrä kasvaa nopeasti eikä sen käsittelyyn ole
aikaa tai välineitä. Muisti kuormittuu, asiat
jäävät hajanaisiksi, eikä kokonaiskuvaa synny.
Tekoäly voi auttaa kokoamaan tiedon yhteen,
purkamaan monimutkaiset asiat
yksinkertaisemmiksi ja jäsentämään sen, mitä
olet jo oppinut.

Tämä on erityisen hyödyllistä silloin, kun
opiskelet uutta aihetta, teet muistiinpanoja,
valmistaudut kokeeseen tai kirjoitat esseetä.
Tekoäly voi auttaa tunnistamaan olennaisen,
selventämään epäselviä kohtia ja auttamaan
sinua rakentamaan aiheesta kokonaisuuden.
Kun asiat järjestyvät ymmärrettävään

muotoon, opit paremmin ja nopeammin – ja oppiminen tuntuu kevyemmältä.

Omaan tahtiin oppimista – ilman arviointia

Tekoäly ei arvioi eikä arvostele. Se ei mittaa osaamistasi eikä vertaa sinua muihin. Juuri siksi se voi olla turvallinen oppimisen väline. Voit kysyä siltä samoja asioita useaan kertaan, pyytää selityksiä eri näkökulmista tai yksinkertaistuksia, jos jokin asia ei avaudu. Tekoäly ei kyllästy eikä kiirehdi sinua eteenpäin. Se mukautuu siihen, missä vaiheessa olet – ja siihen, millaista tukea tarvitset.

Tämä on arvokasta erityisesti silloin, kun oppimiseen liittyy epävarmuutta, häpeää tai kokemuksia siitä, että on "hidas oppija". Tekoäly antaa tilaa kysyä, pohtia ja rakentaa omaa ymmärrystä. Oppiminen tapahtuu usein juuri silloin, kun uskallamme kysyä uudestaan – ja tekoäly on tässä armollinen kumppani.

Muistamista ja keskittymistä tukemassa

Oppiminen ei ole pelkästään tiedon vastaanottamista – se on myös muistamista, soveltamista ja jäsentämistä. Moni kamppailee muistin ylikuormittumisen kanssa. Asioita on liikaa, ne unohtuvat väärään aikaan tai jäävät pyörimään päässä ilman järjestystä. Tekoäly voi auttaa tässä tekemällä asioista näkyviä: muistilistoja, aikajanoja, yhteenvetoja ja kysymyksiä, jotka auttavat sisäistämään oppimasi.

Se voi myös auttaa sinua keskittymään. Kun ulkoistat tekoälylle sen, mikä muuten täyttäisi pääsi – kuten tehtäväluettelot, aikataulut tai yksityiskohdat – sinulle jää enemmän tilaa ajatella ja oivaltaa. Oppiminen on luovaa prosessia, ja usein pienikin kevennys voi avata tilaa uusille yhteyksille ja ideoille.

Tiedon omaksuminen omasta elämästä käsin

Yksi tekoälyn vahvuuksista on sen kyky muokata tietoa tilanteeseesi sopivaksi. Kun opiskelet uutta asiaa, tekoäly voi auttaa sinua yhdistämään sen omaan arkeesi tai työhösi. Se voi antaa vertauksia, jotka liittyvät tuttuihin tilanteisiin, tai auttaa ymmärtämään ilmiötä eri näkökulmista – jolloin oppiminen muuttuu abstraktista käytännönläheiseksi.

Tämä on erityisen tärkeää aikuisoppimisessa. Kun uusi tieto tuntuu irralliselta tai liian kaukaiselta, motivaatio laskee. Mutta kun opittava asia kytkeytyy omaan elämään, siitä tulee kiinnostavaa, merkityksellistä – ja helpommin muistettavaa. Tekoäly voi tässä toimia siltana teorian ja käytännön välillä.

Oppiminen ei lopu – tekoäly kulkee mukana

Maailma muuttuu nopeasti, ja monilla aloilla osaamisen päivittäminen on jatkuvaa. Oppiminen ei siis ole vain opiskelijoiden tehtävä – se on osa työelämää, vanhemmuutta, kansalaisuutta. Tekoäly voi olla mukana tässä muutoksessa. Se ei ole valmis tietopankki, vaan alati päivittyvä työväline, jota voi käyttää silloin kun kaipaat apua uuden ymmärtämisessä.

Olipa kyseessä uuden ohjelmiston käyttö, kielitaidon vahvistaminen, säädösten tulkinta tai uuden taidon opettelu – tekoäly voi tukea sinua koko oppimisprosessin ajan. Se ei ole täydellinen eikä erehtymätön, mutta se on saatavilla silloin kun tarvitset – ja se voi tehdä oppimisesta helpommin lähestyttävää.

Tekoälyä ei saa käyttää koulutehtävien tekemiseen ilman opettajan lupaa. Jos sitä käyttää apuna, on hyvä mainita siitä tehtävässä.

Tekoäly luovuuden tukena – ajatusten virittäjä ja ideoinnin kumppani

Luovuus ei ole vain taiteilijoiden etuoikeus. Se kuuluu meille kaikille – se näkyy siinä, miten ratkaisemme ongelmia, järjestämme kotia, kirjoitamme viestejä, keksimme leikkejä tai suunnittelemme tulevaa. Luovuus ei ole pelkkää inspiraatiota, vaan myös arkipäivän soveltamista, ajattelun laajentamista ja uusien yhteyksien löytämistä. Juuri siksi luovuutta tarvitaan myös silloin, kun emme koe itseämme luoviksi.

Tekoäly voi olla tässä prosessissa yllättävän hyvä kumppani. Se ei luo taidetta omasta tietoisuudestaan eikä ymmärrä estetiikkaa kuten ihminen – mutta se voi tuoda esiin näkökulmia, ehdotuksia ja vaihtoehtoja, jotka ruokkivat omaa ajatteluamme. Luovuuden tukena tekoäly toimii kuin peili tai sparrauskaveri: se ei ota ohjia, mutta voi sysätä

liikkeelle. Ja joskus juuri se pieni liike on
tärkein.

Luovat lukot ja mistä niitä tulee

Moni tunnistaa tilanteen, jossa pitäisi
kirjoittaa, suunnitella tai keksiä jotakin –
mutta mieli lyö tyhjää. Ideat eivät virtaa, ja
ajatus alkaa kiertää kehää. Tämä ei ole merkki
luovuuden puutteesta, vaan hyvin inhimillinen
reaktio paineeseen, väsymykseen tai liiallisiin
odotuksiin. Tekoäly voi auttaa tässä avaamalla
ajattelua uudesta kulmasta. Kun ei tarvitse
keksiä kaikkea itse, ajatus alkaa usein liikkua
uudelleen.

Luovuus ei ole yksin tekemistä. Se tarvitsee
vuoropuhelua, vaihtelua ja ärsykkeitä. Tekoäly
ei ole ihminen, mutta se voi tarjota uudenlaisen
keskustelukumppanin – sellaisen, jolle voi
esittää keskeneräisiä ideoita ilman pelkoa
arvostelusta. Se voi ehdottaa aiheita,
kysymyksiä tai tapoja jatkaa siitä, mihin itse
jäit. Juuri tämä vapaus kokeilla ja keskustella

ilman ulkopuolista painetta voi tehdä
tekoälystä tärkeän luovan työn tukijan.

Luovuus on enemmän kuin kirjoittamista tai piirtämistä

Tekoäly voi tukea luovuutta monin tavoin – ei
vain perinteisessä taiteessa, vaan myös arjen
ongelmanratkaisussa, kodin ideoinnissa,
juhlien suunnittelussa tai vaikkapa uuden
harrastuksen aloittamisessa. Luovuus on kykyä
nähdä toisin, yhdistellä uutta ja vanhaa, tarttua
hetkeen tai kuvitella vaihtoehtoja. Juuri tässä
tekoäly voi olla mukana.

Se voi auttaa sinua hahmottamaan ideoita, joita
et ehkä yksin olisi tullut ajatelleeksi. Se voi
kysyä lisäkysymyksiä, joihin et itse olisi
tarttunut. Se voi tarjota listoja, rakenteita,
otsikoita tai kysymyspatteristoja, joiden avulla
oma luova prosessi saa lisää voimaa.

Tekoäly ei korvaa luovuutta – se ruokkii sitä

On tärkeää ymmärtää, että tekoäly ei ole luova. Se ei tunne, eikä sillä ole omaa visiotaan. Se ei päätä, mitä jokin teos tarkoittaa, eikä se tavoita samaa merkitysten kerroksellisuutta kuin ihminen. Mutta juuri siksi se on käyttökelpoinen työväline: sen tuottama sisältö ei kilpaile kanssasi, vaan antaa sinulle tilaa rakentaa ja muokata.

Luovan työn tukena tekoäly voi olla sekä alkusysäys että jatkaja. Se voi antaa sinulle runon alun, kuvitusidean, juonirangan, projektisuunnitelman tai vaikka nimiehdotuksia. Se ei tee työtä puolestasi, mutta se voi madaltaa kynnystä aloittaa – ja auttaa ylittämään sen hetken, kun luovuus ei vielä kanna yksin. Kun tekoälyltä saatu ehdotus ei ole valmis, se pakottaa sinut osallistumaan. Ja juuri siinä syntyy oma kädenjälkesi.

Luova rohkeus syntyy tekemällä

Luovuutta ei voi odottaa – sitä pitää houkutella. Yksi tekoälyn suurista eduista on sen tarjoama matalan kynnyksen mahdollisuus kokeilla. Voit aloittaa pienesti, ilman odotuksia. Voit leikkiä ideoilla, joita et ehkä kehtaisi sanoa ääneen muille. Voit testata kymmeniä ajatuksia ilman, että yksikään menee "hukkaan". Tekoäly ei tuomitse eikä kysele perusteluja.

Tämä tekee siitä erityisen hyödyllisen silloin, kun kaipaat luovaa rohkeutta. Tekoälyn kanssa työskentelyssä ei ole virheellisiä vastauksia. Se sallii sinulle keskeneräisyyden, epätäydellisyyden ja kokeilemisen. Ja usein juuri se vapauttaa luovuutta enemmän kuin täydellinen suunnitelma.

Luova arki ei vaadi aikaa – vaan tilaa

Moni ajattelee, ettei ole aikaa luovuudelle. Että ideointi, kirjoittaminen tai suunnittelu vaatii

tyhjää kalenteria ja erityisiä olosuhteita.
Todellisuudessa luovuus ei tarvitse tuntikausia
– se tarvitsee hetken, tilan ja luvan olla.
Tekoäly voi auttaa sinua rakentamaan näitä
hetkiä: hetkiä, joissa voi kokeilla, kirjoittaa pari
lausetta, hahmotella ideaa tai miettiä projektin
suuntaa.

Tekoäly ei ole ihmeväline, mutta se voi olla
hiljainen tuki silloin, kun luovuus on
hiipumassa tai vasta heräämässä. Se voi olla
alku, keskustelukumppani tai palautteen
antaja. Se ei ole sinun sijastasi luova – mutta se
voi auttaa sinua muistamaan, että sinä olet.

Tekoäly viestinnän tukena – sanoita selvemmin, kirjoita kevyemmin

Viestintä on läsnä arjessa enemmän kuin ehkä tajuammekaan. Kirjoitamme viestejä, sähköposteja, tiedotteita, päivityksiä ja muistilappuja. Muotoilemme ajatuksiamme sanoiksi, rakennamme kohteliaisuutta, vältämme väärinymmärryksiä. Usein viestintä sujuu vaivatta – mutta toisinaan sanat takertuvat, ajatus harhailee tai emme tiedä, miten sanoa asiat niin, että ne tulevat ymmärretyiksi ja tuntuvat oikeilta.

Tekoäly voi olla yllättävän hyvä apu kirjoittamisen tukena. Se ei kirjoita puolestasi sielua sisältäviä lauseita, mutta se voi auttaa muotoilemaan, kirkastamaan ja jäsentämään viestintääsi. Se voi keventää taakkaa silloin, kun sanat eivät tule helposti tai kun aikaa on vähän. Sen avulla voit sanoittaa selkeämmin ja viestiä rohkeammin – säilyttäen silti oman äänen ja näkökulman.

Kirjoittaminen ei ole vain sisältöä – se on myös muotoilua

Usein kirjoittamisen vaikeus ei liity siihen, ettet tietäisi mitä haluat sanoa – vaan siihen, miten sen sanoisit. Mikä on sopiva sävy? Miten olla ystävällinen mutta napakka? Entä jos en halua kuulostaa liian viralliselta – tai liian tuttavalliselta?

Tekoäly voi auttaa tässä rakentamalla vaihtoehtoja. Se voi antaa esimerkkejä eri sävyistä, ehdottaa tapoja sanoa sama asia lyhyemmin tai toisaalta perusteellisemmin. Se ei tee päätöstä puolestasi, mutta tarjoaa rungon, josta voit itse muokata lopullisen viestin. Tämä tekee kirjoittamisesta helpompaa – ja joskus myös nopeampaa.

Tämä ei tarkoita, että tekoälyltä saadut sanat olisivat lopullisia. Ne ovat usein luonnos, ehdotus, keskustelunavaus – lähtökohta, josta voit jatkaa. Ja usein juuri se on arvokkain vaihe: päästä alkuun, päästä liikkeelle.

Arjen viestintä kuormittaa enemmän kuin uskomme

Päivittäin kirjoitamme viestejä, joissa on mukana tunnelmaa, toiveita, ohjeita, korjauksia, muistutuksia. Näissä viesteissä ei ole kyse vain sisällöstä, vaan myös siitä, miten toinen ne kokee. Kirjoitamme vanhemmille, työtovereille, opettajille, naapureille, palveluntarjoajille, viranomaisille. Ja usein mietimme liikaa – liikaa aikaa, liikaa energiaa.

Tekoäly voi tässä toimia ajattelun apuna. Se voi auttaa sinua rakentamaan ystävällisen muistutuksen, ymmärrettävän ilmoituksen tai tilanteeseen sopivan vastauksen. Se ei poista vastuuta kirjoittamisesta, mutta se voi poistaa paineen muotoilusta. Kun kirjoittaminen ei enää vie kaikkea energiaa, jäljelle jää enemmän tilaa sisällölle – ja inhimillisyydelle.

Viestintä ei ole vain kirjoitettuja sanoja – vaan tunnetta ja tilannetajua

Hyvä viesti ottaa huomioon lukijan. Se ei ainoastaan kerro, vaan myös huomioi, kuuntelee ja kunnioittaa. Tekoäly ei tunne empatiaa, mutta se voi oppia tunnistamaan sävyjä, tyylejä ja tilanteita. Tämä tekee siitä toimivan työkalun esimerkiksi silloin, kun haluat varmistaa, ettei viestisi kuulosta väärältä – liian kovalta, epämääräiseltä tai etäiseltä.

Voit käyttää tekoälyä muotoilun peilinä: se voi antaa vaihtoehtoja, säätää sanavalintoja tai tiivistää viestin niin, että se menee perille. Lopulta juuri se on viestinnän tarkoitus – tulla ymmärretyksi. Tekoäly voi tukea sinua siinä, että viestisi ei huku muotoon, vaan että sen ydin säilyy kirkkaana.

Oikea sävy auttaa rakentamaan yhteyksiä

Monet tärkeät suhteet rakentuvat sanojen varaan. Työelämässä viestintä vaikuttaa siihen, miten meidät nähdään ja kohdataan. Kotona se vaikuttaa ilmapiiriin. Ystävien kanssa se luo jatkuvuutta. Kun sanat tukevat yhteyttä, arki sujuu helpommin.

Tekoäly ei voi luoda yhteyttä puolestasi, mutta se voi auttaa ylläpitämään sitä. Se voi toimia tukena silloin, kun haluat viestiä jostain vaikeasta, korjata väärinkäsitystä tai antaa palautetta rakentavasti. Se voi auttaa sanoittamaan kiitoksen, pyynnön tai tunnustuksen – erityisesti silloin, kun omat sanat tuntuvat riittämättömiltä.

Kirjoittaminen ei ole heikkous – se on arjen ajattelua

Moni ajattelee, ettei ole hyvä kirjoittaja. Että muut osaavat muotoilla, tiivistää ja sanoa asiat oikein, mutta itse ei. Tekoäly voi tässä olla muistutus: kirjoittaminen ei ole synnynnäinen taito, vaan muoto ajattelulle. Ja ajattelu kehittyy, kun sille antaa tilaa.

Tekoäly ei tee sinusta kirjailijaa, mutta se voi tehdä sinusta varmemman viestijän. Se voi antaa sinulle sanat silloin, kun ne ovat hukassa – ja tarjota tapoja ajatella uudelleen silloin, kun jokin ei toimi. Se ei tee työtäsi, mutta se voi keventää taakkaa.

Tekoäly päätöksenteon tukena – kun valintojen määrä väsyttää

Me teemme päivittäin kymmeniä, jopa satoja päätöksiä. Mitä syödä, mitä pukea, mihin keskittyä, mihin reagoida, mitä jättää tekemättä. Suurin osa näistä on pieniä ja lähes automaattisia, mutta joukossa on myös suurempia: mihin käyttää aikansa, rahansa, energiansa. Kun päätöksiä kertyy liikaa, tai niiden paino kasvaa, alamme väsyä. Ilmiötä kutsutaan päätösväsymykseksi – ja se on todellinen kuormittaja.

Tässä luvussa tarkastellaan, miten tekoäly voi toimia tukena silloin, kun päätöksiä on liikaa tai kun valinta tuntuu hankalalta. Tekoäly ei päätä puolestasi, eikä sen tulisi koskaan tehdä niin. Mutta se voi selkeyttää vaihtoehtoja, jäsentää ajattelua ja keventää kuormaa. Se voi auttaa sinua katsomaan tilannetta ulkopuolelta – rauhallisesti, systemaattisesti ja ilman tunnetta kiireestä.

Kun mikään ei tunnu oikealta – mutta jotain on pakko päättää

Päätöksentekoon liittyy usein epävarmuus. Mitä jos valitsen väärin? Entä jos joku toinen tekee toisin? Miksi kaikki tuntuu yhtäkkiä monimutkaiselta? Näissä hetkissä tekoäly voi auttaa rakentamalla näkyväksi sen, mitä yrität punnita. Se voi purkaa valintaa osiin: mitä vaihtoehtoja on, mitä hyötyjä tai haittoja niihin liittyy, mitä näkökulmia olet ehkä unohtanut.

Tekoäly ei vie pois vastuun tunnetta, mutta se voi tuoda siihen rakennetta. Kun päätös ei ole enää epämääräinen tunne, vaan jäsennelty pohdinta, se on helpompi kohdata. Joskus tämä selkeytys riittää viemään sinut eteenpäin.

Kun päätöksiä on liikaa – ja päässä pyörii liikaa

Arjessa kuormittavimpia eivät ole yksittäiset suuret päätökset, vaan loputon virta pieniä: mitä tänään syödään, mistä hankitaan uusi takki, kuka vie lapset harrastuksiin, mihin aikaan lähdetään, mitä jää odottamaan. Pienet päätökset kasaantuvat, ja lopulta ei jaksa päättää enää mitään – edes sitä, minkä kirjan aloittaisi.

Tekoäly voi toimia näissä tilanteissa päätöksenteon keventäjänä. Se voi auttaa sinua rajaamaan vaihtoehtoja, tarjoamaan selkeitä ehdotuksia tai auttamaan sinua luottamaan siihen, että *riittävän hyvä* riittää. Kaikkea ei tarvitse harkita syvällisesti. Kaikkea ei tarvitse suunnitella täydellisesti.

Kun osa päätöksenteosta saa ulkopuolista tukea, sinulle jää tilaa tärkeämmille asioille: keskittymiselle, läsnäololle, palautumiselle.

Tunteet ja päätökset – tekoäly ei tunne, mutta voi tukea

Tunteet vaikuttavat päätöksentekoon – ja hyvä niin. Tunteet kertovat tarpeista, arvoista ja peloista. Mutta joskus tunteet saavat valinnan näyttämään suuremmalta kuin se on. Tai ne sekoittavat ajattelua niin, että päätös tuntuu mahdottomalta.

Tekoäly ei tunne mitään, eikä se osaa ottaa empaattista näkökulmaa. Mutta juuri siksi se voi joskus rauhoittaa tilannetta. Se tarjoaa neutraalin, tunteettoman vastinparin ajattelullesi – sellaisen, joka ei dramatisoi eikä vähättele. Se voi auttaa sinua palaamaan faktoihin, näkemään asioita järjestyksessä ja kysymään itseltäsi oikeita kysymyksiä.

Tekoäly ei korvaa tunteita, mutta se voi auttaa sinua olemaan niiden kanssa vähemmän yksin.

Päätöksenteko on usein toistoa – ja siinä tekoäly loistaa

Monet päätökset toistuvat: viikoittaiset ostokset, lomien suunnittelu, harrastusten valinta, lapsiperheen arjen rutiinit. Kun samat valinnat pitää tehdä yhä uudelleen, ne kuluttavat enemmän kuin huomaa. Tekoäly voi auttaa rakentamaan niihin toistuvia rakenteita: pohjia, ehdotuksia, muistipohjia. Näin päätöksenteko ei vie joka kerta samaa energiaa.

Tämä ei ole laiskuutta – se on arjen viisauden hyödyntämistä. Kun tekoäly auttaa sinua tekemään päätökset nopeammin tai kevyemmin, se ei heikennä laatua. Se antaa sinulle vain mahdollisuuden säästää

ajatteluvoimaa asioihin, jotka todella vaativat
huomiota.

Päätösten keskellä – sinä olet silti keskiössä

Tekoäly ei ota vastuuta. Se ei tiedä, mikä on
sinulle tärkeintä. Se ei tunnista arvojasi,
perheesi ainutlaatuisuutta tai elämäntilanteesi
sävyjä. Siksi viimeinen sana on aina sinun.
Mutta juuri siksi se voi myös olla luotettava
peili: se ei tuomitse, ei painosta, ei kiirehdi.

Kun käytät tekoälyä päätöksenteon tukena, et
anna sille valtaa – annat itsellesi tukea. Olet
edelleen ohjaksissa. Tekoäly vain auttaa sinua
pitämään kartan selkeämpänä.

Tekoäly arjen projektien apuna – suunnitelmista selkeyttä ja sujuvuutta

Jokainen projekti alkaa ideasta – halusta järjestää jotakin, uudistaa, toteuttaa, korjata tai kehittää. Projektit ovat osa arkea: matkoja, juhlia, kodin järjestelyjä, harrastuksia, koulutuksia, pieniä ja suuria uudistuksia. Ne innostavat ja virkistävät, mutta voivat myös uuvuttaa. Usein projektin vaikein osa ei ole tekeminen, vaan sen aloittaminen. Mistä lähden liikkeelle? Mitä pitää muistaa? Entä jos unohdan jotakin tärkeää?

Tässä luvussa tarkastelemme, miten tekoäly voi toimia projektinhallinnan apurina – sellaisena, joka ei ota vastuuta pois, mutta auttaa jäsentämään kokonaisuuksia. Tekoäly ei rakenna juhlia puolestasi tai remontoi seinää, mutta se voi keventää suunnittelua, tuoda rakenteita ja auttaa pysymään kärryillä.

Projektit kuormittavat, kun ne pysyvät mielessä näkymättöminä

Monet arjen projektit elävät mielessä hajanaisina ajatuksina. "Pitäisi joskus tehdä..." tai "Olisi kiva jos..." Ne voivat liittyä kodin kunnostukseen, lomamatkaan, sukujuhliin, kaappien järjestelyyn tai vaikka oman blogin aloittamiseen. Ongelmana ei ole unelma tai tarve – vaan se, ettei sitä ole pilkottu konkreettiseksi kokonaisuudeksi.

Tekoäly voi auttaa ottamaan nämä ajatukset ulos mielestä ja muuttamaan ne askel askeleelta eteneviksi suunnitelmiksi. Se voi tuoda esiin asioita, joita et olisi tullut ajatelleeksi, tai auttaa arvioimaan, paljonko aikaa ja resursseja tarvitaan. Kun projektin hahmottaa selkeämmin, sen aloittaminen muuttuu mahdollisemmaksi – ja usein myös kevyemmäksi.

Vaiheita, aikatauluja ja muistettavaa

Projektin selkeys ei tarkoita täydellistä suunnitelmaa. Se tarkoittaa näkyvää etenemistä, vaiheita, tavoitteita ja jonkinlaista aikajanaa. Tekoäly voi toimia tässä tukena jäsentämällä projektin kulun: mitä tehdään ensin, mitä tarvitaan, mitä kannattaa valmistella rinnakkain, mikä voi odottaa.

Tämä voi koskea esimerkiksi:

- syntymäpäivien järjestämistä (vieraslista, tarjoilut, aikataulu, viestit)
- lomamatkan suunnittelua (kohdevalinta, majoitus, aikataulut, pakkaaminen)
- kodin remonttia (materiaalien vertailu, työvaiheet, budjetti)
- koulutus- tai kurssihankkeen toteutusta (tavoitteet, aikataulu, seuranta)
- tavarajärjestelyn uudistamista (huone kerrallaan, säilytysratkaisut)

Tekoäly voi tehdä näkyväksi sen, mikä muuten jää sumuiseksi. Se ei tee valintoja puolestasi, mutta auttaa rajaamaan, priorisoimaan ja muistamaan.

Motivaatio syntyy edistymisestä

Monet projektit jäävät kesken, koska kokonaisuus tuntuu liian suurelta tai koska arki vie huomion muualle. Tekoäly voi auttaa ylläpitämään motivaatiota pilkkomalla projektin sopiviin osiin ja muistuttamalla siitä, että edistys tapahtuu askel kerrallaan. Kun voit nähdä, että olet jo saanut jotakin aikaan, jatkaminen tuntuu helpommalta.

Lisäksi tekoäly voi tarjota tapoja seurata etenemistä – ei vaativasti, vaan kannustavasti. Se voi auttaa luomaan yksinkertaisia seurantalistoja tai vaihemerkintöjä, joiden avulla näet, mitä on tehty ja mitä on vielä edessä. Tämä tuo tunnetta siitä, että projekti etenee, vaikka arki olisi välillä rikkonaista tai hidasta.

Ei tarvitse tehdä yksin

Yksi tekoälyn vahvuuksista projektityössä on se, että se ei jätä sinua yksin ajatustesi kanssa. Se ei tarvitse lepoa, ei kyllästy toistuviin kysymyksiin, ei vähättele eikä hoputa. Kun suunnittelet projektia, voit "keskustella" tekoälyn kanssa niin kauan kuin haluat. Voit vaihtaa suuntaa, tarkentaa, pohtia ääneen – ja se kulkee mukana.

Tämä on erityisen arvokasta silloin, kun ympärillä ei ole ketään kenen kanssa suunnitella, tai kun oma mieli kaipaa ulkoista tukea ajatusten järjestämiseen. Tekoäly ei ole korvaava tiimikaveri, mutta se voi olla hyvä alku. Ja joskus juuri se riittää – päästä alkuun, nähdä suunta.

Projektit kuuluvat arkeen – eivät vain töihin

Moni mieltää projektit vain työhön liittyviksi asioiksi, mutta arki on täynnä projekteja, joille ei koskaan anneta virallista nimeä. Kaikki suunnittelua, päätöksiä ja toteutusta vaativa on projekti – ja juuri siksi niitä kannattaa oppia hahmottamaan.

Tekoäly voi auttaa tuomaan tätä ajattelua arkeen: että asioita voi pilkkoa, aikatauluttaa, arvioida ja viedä eteenpäin vaiheittain. Kun näin tekee, stressi vähenee ja tunne hallinnasta kasvaa. Yhtäkkiä suuri hanke ei enää tunnu mahdottomalta, vaan realistiselta. Ja se, mikä ennen jäi "pitäisi joskus" -tasolle, saattaa vihdoin tulla tehdyksi.

Tekoäly perhe-elämän tukena – tasapainoa, tukea ja pieniä helpotuksia

Perhearki on jatkuvaa sovittelua. Siinä yhdistyy aikatauluja, tarpeita, tunteita ja muuttuvia tilanteita. Päivä voi alkaa rauhallisesti ja muuttua kaaokseksi hetkessä. Usein juuri perheessä kaikki on kesken: lapset kasvavat, työt elävät, kodin tarpeet muuttuvat. On suunniteltava, reagoitava, muistettava, joustettava – ja usein kaikessa tässä mukana kulkee väsymys, syyllisyys tai riittämättömyyden tunne.

Tekoäly ei ratkaise perhearkea. Se ei tee ruokaa, vie lasta kouluun tai rauhoita kiukuttelua. Mutta se voi tukea siinä näkymättömässä, mutta raskaassa osassa arkea: ajattelutyössä. Tekoäly voi auttaa suunnittelemaan, muistamaan, jäsentämään ja ennakoimaan. Se voi olla työkalu sille, joka yrittää pitää monta lankaa käsissään. Ja juuri siksi sillä voi olla

tärkeä rooli perhe-elämän keventäjänä –
pienillä mutta merkittävillä tavoilla.

Arjen logistiikka on näkymätöntä työtä

Usein perheessä eniten kuormittaa näkymätön organisointi: kuka on missäkin, mitä pitää pakata, milloin on neuvola, mitkä vaatteet ovat jääneet pieniksi, mitä lähetettiin kouluun ja milloin on seuraava juhlapäivä. Tämä on ajattelutyötä, jota ei useinkaan huomata – ennen kuin jokin unohtuu.

Tekoäly voi auttaa purkamaan tätä näkymätöntä kuormaa näkyväksi. Se voi auttaa laatimaan viikkokoosteita, muistilistoja, pakkaussuunnitelmia tai yhteenvetoja. Se ei tee valintoja puolestasi, mutta se voi tuoda rakenteen siihen, mikä muuten pysyy hajanaisena.

Kun asioita ei tarvitse pitää pelkästään mielessä, jää tilaa muulle ajattelulle – ja joskus myös huokaisulle.

Yhteensovittaminen vaatii työkaluja

Perheen eri-ikäiset jäsenet elävät usein eri rytmissä ja tarvitsevat erilaisia asioita. Yksi tarvitsee päiväunia, toinen koulutukea, kolmas hiljaisuutta, neljäs huomiota. Samalla vanhemmat yrittävät hoitaa työt, parisuhteen, kodin ja joskus myös oman hyvinvointinsa. Tässä yhteensovittamisessa tekoäly voi toimia ajattelukumppanina.

Se voi auttaa rakentamaan viikkoja, joissa on aikaa eri tarpeille. Se voi auttaa aikatauluttamaan ruoka-ajat, siirtymät, lepohetket tai harrastukset. Se ei ole auktoriteetti, vaan ehdottaja – ja usein juuri se riittää, kun tuntee olevansa yksin suunnittelun keskellä.

Tekoäly voi myös muistuttaa siitä, että täydellistä rytmiä ei ole. Mutta riittävän hyvä rytmi – sellainen, jossa jokainen ehtii hengittää – voi löytyä askel kerrallaan.

Pienet hetket, suuret merkitykset

Perheessä tärkeintä ei ole se, kuinka hyvin kaikki sujuu – vaan se, että kaikella on tilaa. Tekoäly ei voi antaa aikaa, mutta se voi auttaa tekemään sitä näkyväksi. Kun suunnittelun ja muistamisen taakka kevenee, jää enemmän tilaa yhdessäololle: pienille hetkille, joiden varaan arjen merkitys rakentuu.

Tekoäly voi auttaa muistamaan syntymäpäivät, ideoimaan yhteistä tekemistä tai helpottamaan viestintää perheenjäsenten välillä. Se voi antaa ideoita silloin, kun oma mieli on väsynyt, tai jäsentää huolia silloin, kun kaikki tuntuu sumuiselta. Se ei korvaa perheen vuorovaikutusta – mutta se voi tukea sen ylläpitämistä.

Vanhemmuuden taakka ei ole vain tekemistä – vaan ajattelua

Vanhemmuus on paitsi toimintaa, myös jatkuvaa pohdintaa: mitä on hyvä lapselle, mikä on oikea ratkaisu, mitä tapahtuu jos, entä jos ei... Tämä ajattelutyö kulkee mukana koko ajan – myös silloin, kun kukaan ei sitä huomaa. Se on näkymätöntä mutta kuluttavaa.

Tekoäly voi auttaa sanoittamaan tätä ajattelua. Se voi toimia keskustelukumppanina, jonka kanssa voi pohtia arjen pulmia ilman pelkoa arvostelusta. Se voi auttaa jäsentämään periaatteita, etsimään tietoa tai vertailemaan vaihtoehtoja. Se ei tiedä, mikä on sinun perheellesi paras, mutta se voi auttaa sinua kuulemaan omat ajatuksesi selkeämmin.

Perhearkea ei voi ulkoistaa – mutta sen voi jakaa

Perhe-elämä vaatii osallistumista, vuorovaikutusta ja sitoutumista. Tekoäly ei ota tätä vastuuta pois, mutta se voi keventää sitä, mikä ei ole ydin – jotta voit keskittyä siihen, mikä on. Se voi auttaa tasoittamaan arkea, ennaltaehkäisemään kaaosta ja luomaan tilaa rauhalle.

Se voi myös olla tuki silloin, kun vanhemmuus tuntuu yksinäiseltä. Ei siksi, että se olisi sama kuin toinen ihminen – vaan siksi, että se voi olla saatavilla juuri silloin, kun kukaan muu ei ole.

Tekoälyn vastuullinen käyttö – tietoturvaa, yksityisyyttä ja omia rajoja

Tekoäly voi olla arjen luotettava apuri – mutta vain silloin, kun sitä käytetään harkiten. Kuten kaikki teknologiat, myös tekoäly tuo mukanaan kysymyksiä vastuusta, yksityisyydestä ja turvallisuudesta. On helppo innostua sen mahdollisuuksista, mutta samalla on tärkeää pysähtyä hetkeksi miettimään: mitä tietoa jaan, miten käytän tätä työkalua, ja missä menevät minun rajani?

Tässä luvussa käydään läpi tekoälyn käyttöön liittyviä eettisiä ja käytännöllisiä huomioita. Tavoitteena ei ole pelotella tai rajoittaa, vaan tarjota luottamusta rakentavaa tietoa. Kun tunnet pelisäännöt, voit käyttää tekoälyä huolettomammin – ja samalla suojella itseäsi, läheisiäsi ja omaa digitaalista tilaa.

Kaikkea ei tarvitse jakaa

Tekoälyn käyttö perustuu vuorovaikutukseen. Kirjoitat sille viestejä, ajatuksia ja pyyntöjä, joihin se vastaa. Usein tämä tuntuu kuin keskustelulta – ja se onkin osa tekoälyn vetovoimaa. Mutta on hyvä muistaa, että keskustelukumppani ei ole ihminen. Se ei unohda, mutta se ei myöskään ymmärrä, mitä jokin tieto sinulle merkitsee.

Siksi on tärkeää miettiä, mitä tietoa jaat. Älä kirjoita tekoälylle henkilökohtaisia tietoja, kuten koko nimeäsi, kotiosoitettasi, salasanoja tai henkilötunnusta. Älä myöskään jaa muiden ihmisten arkaluonteisia tietoja – etenkään ilman lupaa. Tekoälyllä ei ole moraalista vastuuta, mutta sinulla on.

Tietoturva on osa hyvinvointia

Kun käytät tekoälypalveluita, tietosi voivat tallentua palveluntarjoajan järjestelmiin –

ainakin hetkellisesti. Tämä ei automaattisesti tarkoita, että ne ovat vaarassa, mutta se tarkoittaa, että sinun kannattaa olla tietoinen siitä, mitä jätät jälkeesi. Käytä palveluita, joihin voit luottaa, ja tarkista tarvittaessa yksityisyysasetukset tai käyttöehdot.

Monissa palveluissa voit käyttää tekoälyä ilman, että keskustelusi tallennetaan pysyvästi. Jos mahdollista, käytä näitä vaihtoehtoja erityisesti silloin, kun käsittelet henkilökohtaisempia aiheita. Näin säilytät paremmin kontrollin siihen, mihin tietosi päätyvät.

Omat rajat – yhtä tärkeitä kuin tekniset

Tietoturva ei ole vain teknistä – se on myös psyykkistä ja emotionaalista. Tekoälyä käyttäessä kannattaa pysähtyä miettimään omia rajoja: mikä tuntuu hyvältä, missä kohtaa jokin tuntuu liialta? Tekoäly voi olla erinomainen tuki, mutta se ei ole ystävä, eikä se korvaa ihmiskontaktia. Siksi on tärkeää tunnistaa, milloin kaipaat oikeaa keskustelua, ja milloin tekoälyn kanssa käyty vuorovaikutus ei enää riitä.

Rajat liittyvät myös käyttömäärään. Jos huomaat käyttäväsi tekoälyä kaikkeen – päätöksiin, ideoihin, suunnitteluun ja jopa tunteiden jäsentämiseen – pysähdy hetkeksi. Onko tämä tukea, vai alkaako se ohjata liikaa? Teknologia on väline – ei suunnannäyttäjä.

Tekoälyn rajoitukset – ja miksi ne on hyvä tiedostaa

Tekoäly on taitava sanoittaja, nopea järjestelijä ja kärsivällinen keskustelija – mutta sillä on rajansa. Se ei tiedä totuutta, se ei osaa erottaa oikeaa väärästä, eikä se aina ymmärrä kontekstia samalla tavalla kuin ihminen. Siksi sen vastaukset voivat joskus olla vanhentuneita, virheellisiä tai harhaanjohtavia.

Kun käytät tekoälyä tiedonhakuun tai neuvojen saamiseen, muista arvioida sisältöä kriittisesti. Vertaa tarvittaessa muihin lähteisiin. Tekoälyn antama vastaus ei ole lopullinen totuus – se on ehdotus, näkökulma tai luonnos. Sinä päätät, miten siihen suhtaudut.

Viisas käyttö syntyy luottamuksesta ja tiedosta

Tekoäly voi olla luotettava apuri, kun sitä käyttää tietoisesti. Se ei vaadi erityisiä taitoja, mutta se hyötyy käyttäjästä, joka tietää, miten suojella itseään. Kun tunnet rajat, ymmärrät mahdollisuudet ja huomioit yksityisyyden, voit käyttää tekoälyä huolettomammin – ja luottaa siihen, että sinulla on kontrolli.

Vastuullinen käyttö ei tee tekoälystä raskaampaa – päinvastoin. Se tekee siitä turvallisempaa, tasapainoisempaa ja helpommin integroitavaa osaksi arkea.

Katse tulevaan – miten tekoäly voi muuttaa arkeamme jatkossa?

Tekoäly on jo nyt muuttanut tapaamme työskennellä, viestiä, suunnitella ja hahmottaa arkea. Mutta se on vasta alussa. Teknologian kehitys jatkuu nopeasti – eikä kyse ole vain uusista laitteista tai sovelluksista, vaan siitä, miten nämä muutokset vaikuttavat arjen rytmiin, valintoihin ja siihen, miten olemme vuorovaikutuksessa toistemme ja maailman kanssa.

Tässä luvussa katsotaan lempeästi eteenpäin. Ei teknologisen hypen tai pelottelun kautta, vaan arjen näkökulmasta: mitä on näkyvissä, miten arki voi muuttua ja mitä taitoja tai ymmärrystä tulevaisuuden arki voi meiltä vaatia? Tekoälyn kehitys ei ole hallitsematon voima, vaan asia, johon voimme suhtautua uteliaasti, kriittisesti ja omaa arkeamme kunnioittaen.

Tekoäly sulautuu arkeen huomaamatta

Tulevaisuudessa tekoäly ei välttämättä näytä enää erilliseltä sovellukselta tai työkalulta. Se ei ole vain "tekoälyassistentti", vaan osa muita palveluita: kalenteria, sähköpostia, ostoslistoja, kodinkoneita, digitaalisia alustoja. Se voi ehdottaa automaattisesti aikataulumuutoksia, huolehtia siitä, että kaapissa on maitoa, tai ennakoida, milloin tarvitset tauon.

Tämä kehitys tuo mukanaan mukavuutta ja tehokkuutta, mutta myös uudenlaista vastuun tarvetta: meidän on ymmärrettävä, milloin tekoäly ehdottaa jotain *hyödyllistä* – ja milloin se ohjaa meitä huomaamatta kohti valintoja, joita emme olisi muuten tehneet. Tulevaisuuden arki vaatii uutta medialukutaitoa ja teknologista ymmärrystä – ei täydellistä osaamista, vaan tervettä uteliaisuutta ja kykyä kysyä: miksi tämä ehdotus tuli? Miten tämä vaikuttaa minuun?

Ääniohjaus ja laitteiden älykkyys

Tulevaisuuden kodit ovat yhä enemmän "älykkäitä". Kodinkoneet, valaistus, lämmitys ja jopa jääkaappi voivat toimia osittain tekoälyn ohjaamana. Ne eivät vain tottele komentoja, vaan oppivat tavoistamme ja ennakoivat niitä. Tämä voi helpottaa arkea huomattavasti – esimerkiksi muistamalla ajastaa kahvinkeittimen tai säätämällä lämmitystä huomaamattomasti.

Samalla herää kysymys: kuinka paljon haluamme luovuttaa kontrollia teknologialle? Mihin vedämme rajan sen suhteen, mitä tekoäly saa tietää tai päättää puolestamme? Tulevaisuus tuo mukanaan uusia mahdollisuuksia – mutta myös uusia rajoja, joita jokaisen on hyvä pohtia.

Työ, opiskelu ja oma arki muuttuvat

Tekoäly ei korvaa kaikkea, mutta se muuttaa sitä, miten teemme asioita. Työelämässä yhä useammat rutiinit siirtyvät tekoälylle – ja meille jää enemmän aikaa luovuuteen, vuorovaikutukseen ja ongelmanratkaisuun. Samalla joudumme kehittämään uusia taitoja: kykyä työskennellä yhdessä tekoälyn kanssa, tarkastella tietoa kriittisesti ja erottaa olennaista epäolennaisesta.

Opiskelussa tekoäly voi tukea oppimista, mutta se voi myös hämärtää rajoja omien ja ulkoisten ajatusten välillä. Siksi itsenäinen ajattelu ja oman äänen löytäminen ovat tulevaisuudessa entistä tärkeämpiä taitoja – ei teknologiaa vastaan, vaan sen rinnalla.

Arjessa muutos näkyy ehkä hitaammin, mutta se vaikuttaa siihen, miten suunnittelemme, mitä pidämme tärkeänä ja miten käytämme aikaamme. Kun tekoäly hoitaa osan ajattelutyöstä, meille avautuu mahdollisuus pysähtyä – jos niin valitsemme.

Tulevaisuus ei ole teknologian – vaan ihmisten tekemä

Tärkein asia tekoälyn tulevaisuudessa ei ole se, mitä teknologia *voi* tehdä, vaan se, mitä me *haluamme* sen tekevän. Meillä on edelleen valta vaikuttaa siihen, millainen rooli tekoälyllä on arjessamme. Haluammeko sen tukevan meitä vai ohjaavan meitä? Haluammeko enemmän aikaa, vai vain enemmän suorituskykyä?

Tulevaisuuden rakentaminen ei ole teknologian vastuulla – vaan meidän. Ja sitä rakennetaan arjen valinnoilla: sillä, miten käytämme tekoälyä, milloin käännymme sen puoleen ja milloin valitsemme tehdä itse.

Pysy rauhallisena ja käytä järkeä

Vaikka kehitys on nopeaa, ei ole syytä pelkoon tai hätään. Sinun ei tarvitse ymmärtää kaikkea, pysyä kärryillä joka sovelluksesta tai olla teknologiaharrastaja. Riittää, että pidät mielesi avoimena, osaat kysyä oikeita kysymyksiä ja tunnet omat rajasi. Tekoäly ei ole mustavalkoinen ilmiö — se on väline, jota voi käyttää monella tavalla, monessa elämänvaiheessa.

Tulevaisuuden arjessa tärkeintä on edelleen sama kuin ennen: läsnäolo, merkityksellisyys, yhteys toisiin ja omaan itseen. Tekoäly voi tukea tätä — mutta se ei voi koskaan korvata sitä.

Yhteenveto ja loppusanat

Tämä kirja on kutsu arjen keventämiseen, ajattelun selkeyttämiseen ja uudenlaiseen rohkeuteen. Ei siksi, että teknologia olisi tärkeämpää kuin ihminen, vaan siksi, että sen avulla meillä voi olla enemmän tilaa inhimilliselle elämälle. Tekoäly ei ole ratkaisu kaikkeen, mutta oikein käytettynä se voi olla luotettava, nopea ja yllättävän lempeä tuki — etenkin silloin, kun arki tuntuu raskaalta, hajanaiselta tai ylikuormittavalta.

Olemme tarkastelleet tässä kirjassa monia arkisia tilanteita, joissa tekoäly voi toimia apuna: ajanhallinnassa, ruokasuunnittelussa, kodinhoidossa, hyvinvoinnin tukena, oppimisessa, luovuudessa, viestinnässä, päätöksenteossa ja projektien hallinnassa. Olemme katsoneet myös perhe-elämän ja vastuullisen käytön näkökulmia – ja lopuksi vilkaisseet tulevaisuuteen.

Ehkä olet huomannut, että tekoälyn käyttö ei vaadi teknistä erityisosaamista. Riittää, että tiedät mitä tarvitset – ja että uskallat kokeilla. Tekoäly on työkalu, jonka voi valjastaa arjen tueksi yksinkertaisilla pyynnöillä. Se ei vaadi täydellistä muotoilua, se ei suutu virheistä, eikä se kyllästy toistoon. Se on käytettävissä silloin, kun muu tuki ei ole saatavilla – mutta se ei koskaan korvaa ihmistä, ymmärrystä tai yhteyttä.

On myös tärkeää kertoa avoimesti: **myös tämän kirjan kirjoittamisessa on käytetty tekoälyä apuna.** Kirjan kirjoittaja on ohjannut, jäsentänyt, muokannut ja muotoillut tekstiä, mutta tekoäly on ollut mukana keskustelukumppanina, ideoiden kehittäjänä ja sanojen ehdottajana. Tämä ei vähennä kirjan arvoa – päinvastoin, se näyttää käytännössä, miten tekoälyä voi hyödyntää luovassa työssä ilman että siitä katoaa inhimillinen ääni. Tekoäly ei kirjoittanut tätä kirjaa – se oli mukana kirjoittamassa.

Toivon, että tämä kirja on jättänyt sinulle jotakin konkreettista – ehkä uuden näkökulman, oivalluksen tai kipinän kokeilla itse. Tärkeintä ei ole se, että osaat käyttää tekoälyä täydellisesti, vaan se, että uskallat käyttää sitä omalla tavallasi, omaan elämääsi sopivasti. Tämä kirja ei ollut viimeinen sana, vaan alku.

Tekoälyn hyödyntäminen ei tarkoita luopumista ihmisyydestä. Se voi tarkoittaa juuri päinvastaista: sitä, että sinulla on enemmän aikaa, energiaa ja tilaa elää omanlaistasi elämää. Rutiinit helpottuvat, ajatukset selkeytyvät, ja käsiin jää hetkiä, joille ei ennen ollut sijaa. Ehkä ne hetket ovat juuri niitä tärkeimpiä.

Kiitos, että olet kulkenut tämän matkan. Toivon sinulle iloa, selkeyttä ja rohkeutta myös jatkossa – omannäköisessä arjessa, jossa tekoäly voi olla mukana, mutta sinä olet silti pääroolissa.

© 2025 Elias K. Saraste

Kustantaja: BoD · Books on Demand,

Mannerheimintie 12 B, 00100 Helsinki, bod@bod.fi

Kirjapaino: Libri Plureos GmbH,

Friedensallee 273, 22763 Hampuri, Saksa

ISBN: 978-952-80-8523-2